# LES
# AUTORITÉS CONSTITUÉES
## ET SOCIÉTÉS POPULAIRES
## DU DÉPARTEMENT DU GERS,

*Réunies dans la séance du 17 juin 1793, l'an IIme. de la République Française.*

Le conseil-général du département.
Le conseil-général du district d'Auch.
Le conseil-général de la commune d'Auch.
Le tribunal criminel du département.
Le tribunal judiciaire du district d'Auch.
Le tribunal de conciliation d'Auch.
Le tribunal du commerce d'Auch.
Les juges de paix d'Auch.
Une députation de la société populaire d'Auch.
Une députation du conseil-général du district de Lectoure.
Une députation du tribunal judiciaire de Lectoure.
Une députation de la société populaire de Lectoure.

A

Une députation du conseil-général du district de Condom.

Une députation du tribunal judiciaire de Condom.

Une députation de la société populaire de Condom.

Une députation du conseil-général du district de Mirande.

Une députation du tribunal judiciaire de Mirande.

Une députation de la société populaire de Mirande.

Une députation du conseil-général du district de Nogaro.

Une députation de la société populaire de Nogaro.

Une députation du tribunal judiciaire de Plaisance.

Une députation de la société populaire de Plaisance.

Une députation du conseil-général du district de Lislejourdain.

Une députation de la société populaire du district de Lislejourdain.

Une députation du tribunal judiciaire de Lombés.

Une députation du conseil-général de la commune de Gimont.

Une députation du conseil-général de la commune de Castelnavet.

Une députation du conseil-général de la commune de Simorre.

Une députation du conseil - général de la commune de Marciac.

Une députation de la société populaire de Marciac.

## A LA CONVENTION NATIONALE.

### MANDATAIRES DU PEUPLE.

Les autorités constituées & les députés des sociétés populaires, réunis dans le chef-lieu du département du Gers , viennent porter devant vous l'expression des sentimens qu'ont excité dans tous les esprits, les événemens qui viennent de se passer.

On ne sauroit jetter des nuages sur les scènes affreuses par lesquelles les brigands ont cherché à effrayer votre religion & la nôtre : la vérité a jetté un cri terrible jusques dans ce département. D'ici, nous avons vu une commune usurpatrice, agiter les ressors d'une conspiration profonde, environner la convention nationale de quatre-vingt mille hommes armés , & de cent pièces de canon , arracher, par le droit du plus fort, du sanctuaire des loix , trente représentans de la nation , avilir , opprimer le souverain dans les dépositaires de sa confiance , & allumer ainsi dans tous les départemens les torches de la guerre civile.

Mandataires , le peuple indigné se demande : seroit-il parmi vous des lâches ou des com-, plices ? Eh quoi! on n'énonce aucun fait , on ne produit aucune preuve contre les représentans, & vous pouvez vous décider à les jetter dans les fers ! & le misérable intérêt de survivre à tant d'ignominie peut l'emporter sur l'intérêt sacré de la justice! Qu'avez-vous fait ? l'unité & l'indivisibilité de la république ne seroient-elles dans vos bouches qu'un moyen de déchirer en lambeaux le corps social ? ne répandriez-vous dans tous les cœurs, les principes de la liberté & de l'égalité saintes, que pour applaudir comme des esclaves au despotisme qui vous subjugue ? Qu'ils apprennent les factieux de Paris, que si la force de l'opinion ne suffit pas pour vous rendre à la liberté , d'autres moyens s'apprêtent , que des bataillons s'organisent , & que nous saurons opposer , à l'insurrection partielle qui vous opprime , une insurrection générale ; tels sont le langage & les dispositions énergiques du peuple.

Placés entre le souverain & vous qui en exercez la suprême puissance , les corps administratifs regardent comme le premier de leurs devoirs de vous annoncer l'orage menaçant qui gronde dans le Midi.

Mais non , il n'éclatera pas cet orage ; vous en préviendrez l'exploision ; vous vous pénétrerez de la dignité de vos fonctions ; vous fonderez tous vos décrets sur la base de la justice , & vous enchaînerez enfin au char de la loi cette horde de scélérats , qui trop long-tems ont levé leur tête au-dessus d'elle.

Pour nous pénétrer d'une horreur aussi profonde pour tout genre de tyrannie , que pour tout systême tendant au fédéralisme , nous ouvrirons avec franchise devant vous tous les replis de nos ames en vous demandant au nom du salut public.

1°. L'unité & l'indivisibilité de la république, & de la représentation nationale.

2°. L'inviolabilité des représentans & entière liberté dans leurs opinions.

3°. Que les trente députés & les deux ministres soient rendus à leurs fonctions.

4°. Que le rapport préparé par Rabaud, soit fait, & les pièces à l'appui rendues publiques par tels moyens que l'assemblée avisera.

5°. Que tous les décrets rendus depuis le 30 mai dernier inclusivement soient revisés sans préjudice de leur exécution provisoire.

6°. Que le conseil - général révolutionnaire de la commune, & tous les autres comités révolutionnaires de Paris soient supprimés, avec défense d'en former d'autres à l'avenir; que la municipalité & le conseil-général de la ville de Paris soient organisés d'après les loix existantes.

7°. Que le décret qui ordonne à la commune de Paris de rendre compte de son administration des deniers de la république soit enfin exécuté; que les anciens administrateurs de cette commune soient tenus de rendre ce compte dans le plus court délai, & que, jusqu'à l'apurement de ce compte, aucun membre du conseil-général de la commune, d'aucun comité révolutionnaire, d'aucune administration de la commune, aucun président de section, ne puisse occuper de place, soit dans la commune, soit dans l'administration.

8°. Que l'armée révolutionnaire, créée par un décret, soit licenciée, & qu'il soit établi pour le service de la convention, une garde nationale

( 7 )

composée de citoyens de tous les départemens.

9°. Que le tribunal criminel révolutionnaire, existant à Paris, soit supprimé, & qu'il soit établi dans une ville quelconque de la république, distante de cinquante lieues du corps législatif, un tribunal criminel national, chargé de juger & punir les attentats contre la liberté, l'égalité & la souveraineté du peuple; contre l'unité & l'indivisibilité de la république, contre la sûreté intérieure & extérieure de l'état; & enfin tous les complots de lèze-nation, que ses membres soient pris dans tous les départemens de la république alternativement.

1°. Qu'il soit fait une constitution, fondée sur les bases de la liberté & de l'égalité, & que cette constitution soit de suite présentée à la sanction des assemblées primaires.

*Signés*, Lafargue, Vivés, Lamaniere, Des-Touet, Lacroix, Passerieu, Corrade, Barthe, St.-Pé, Moisset, Dieulouhec, Courtes Dargasies, Padie, Cassieux, Abadie, Ninous, Charles Ninous, Laumond, Dufau, Paris, Laheus, Le Sage, Toulouset, Peyrebere, Albertin, Soubiran, P. S. Picard, St. Aromand, Soubiran, offic. mun., Dupui, Cornet, Planche, S. Pierre, Daubas, Prieur, Pérés, maire, Beau-

Grand, Dieuzeide, Molas, jourdan, Laporterie, Davejean, Bourdonie, Molard, Soulier, Alex. Ladrix, Delherm, Cazaux, Long, Senac, Bourdeil aîné, Dubedat, Bedout, juge, Davan, Bergouts, Bedut, pr. du district, S. Lane, Carrere, Manas, secrétaire d'office.

*Pour copie collationnée*

*CAHAUX*, secrét.

---

*Délibération des Sections de la ville d'Auch.*

L'AN 2me de la République française, mil sept cent quatre-vingt-treize, & le seizième jour du mois de juin, à dix heures du matin, dans l'église de Sainte-Marie, se sont assemblés les citoyens des trois sections de la ville d'Auch,

Auxquels a été dit par le citoyen Peyrebere, qu'il étoit chargé par les officiers-municipaux de prévenir l'assemblée que, d'après les divers procès-verbaux du 14 juin dernier des trois sections, elles devoient être réunies pour entendre la lecture de l'adresse à la convention nationale qu'elles avoient unanimement votée ; ce fait, l'assemblée ayant nommé pour son président Jean-Dominique Soubiran, qui avoit présidé la section du Cœur-de-ville, comme plus ancien d'âge, & le citoyen Cezerac pour secrétaire ; se sont approchés du bureau douze députés de la société populaire de la présente ville, qui ont dit qu'elle avoit cru important à la chose publique de donner connoissance aux trois sections de plusieurs pièces imprimées qui leur ont été remises par deux députés de la commission populaire du département de la Gironde, ils & les ont remises sur le bureau.

Le président les ayant remerciés de la continuité de leur zèle, & les ayant invités aux honneurs de la séance, un des commissaires des trois sections à fait lecture de l'adresse qui a été vivement applaudie et adoptée à l'unanimité. (1).

Les motions s'étant succédées, il a été déter-

(1) Dans cette adresse, les sections adhérant aux sentimens des départemens voisins demandent : 1°. l'intégrité de la représentation nationale, 2°. la liberté & le jugement par le souverain des 32 députés, 3°. l'abolition du comité révolutionnaire, 4°. le renouvellemrnt des membres du tribunal révolutionnaire, 5°. la destination des sommes énormes, en numéraire, qui sortent des départemens, 6°. que les secours et les impôts ne soient plus arbitrairement répartis, et qu'ils s'étendent désormais avec égalité sur toute la surface de la république &c. .... &c. ...

miné qu'elle serait de suite imprimée, envoyée au procureur-général-syndic pour la faire parvenir à toutes les municipalités du département par la voie des districts ; qu'elles seront invitées par lettre d'y adhérer ; que l'envoi en seroit fait de suite aux citoyens, Paris, Lasplaignes & St. Pierre, députés du département près la convention nationale, actuellement à Paris, pour la présenter de suite & la lire, comme députés des trois sections, à sa barre ; qu'au cas où ils ne pourroient l'obtenir, ils se concerteront avec des députés du département, dont les principes sont analogues à ceux exprimés dans l'adresse, pour qu'ils puissent saisir la première occasion d'en faire part, de vive voix, à la séance de la convention.

Qu'à l'effet de tout ce dessus, l'adresse avec les procès-verbaux des trois sections, du 14 & le présent seront envoyés par le courrier extraordinaire que le département du Gers doit faire partir pour Paris, & au cas où son départ seroit retardé de plus de deux jours, il a été délibéré unanimement qu'il en seroit envoyé un auxdits Paris & Saint-Pierre aux frais de la commune ; l'assemblée nommant à l'effet de la prompte exécution de tout ce que dessus pour ses commissaires les trois présidens & sécrétaires des sections.

Et de suite l'adresse ayant été couverte de signateurs, les trois sections réunies, après avoir entendu lecture des pièces du comité populaire du salut public du département de la Gironde se sont séparées.

Ainsi arrêté dans l'église de Sainte-Marie les an & jour que dessus.

J. D. SOUBIRAN, président.

CEZÉRAC, secrétaire.

9 782014 100709